La Voie de l'Ensō

L'art d'unifier le corps et l'esprit

Nita Bard-Burguy

La Voie de l'Ensō

L'art d'unifier le corps et l'esprit

SYNCHRONIQUE ÉDITIONS

Remerciements de l'éditeur :
Fantine Biquet, Elisabeth Cassidy, Léa Lukowski.

Synchronique Éditions
www.synchronique-editions.com

ISBN : 978-2-382390-33-7

Homme, si tu projettes ton esprit
par-delà l'espace et le temps,
tu peux à chaque instant te mouvoir dans l'éternel.

Angelus Silesius

Sommaire

Avant-propos

Dans les années 1970, j'ai expérimenté le *zazen* auprès d'un maître et participé à des séances de calligraphie de l'*ensō*, un art millénaire auquel se sont longtemps adonnés les moines et les nonnes bouddhistes dans leur pratique zen et qui trouve aujourd'hui sa place dans les salles et les monastères zen sous forme d'œuvres murales ou de supports de méditation.

La découverte de cet aspect méditatif de la calligraphie japonaise fut, pour moi, la confirmation que notre centre de vie et de création ne résidait pas dans notre mental mais dans la force émanant de notre *hara*, siège de la fondation du non-agir, pour une création sans intention, loin de toute perfection académique et esthétique.

À l'instar de nombreuses voies spirituelles, la voie de l'*ensō* s'appuie sur l'énergie *ki*, flux de l'énergie vitale qui représente, à lui seul, le chemin tracé pour atteindre le *Satori*, cet éveil à notre nature véritable. L'*ensō*, j'en suis convaincue, nous offre une possibilité de voir la vie de manière plus authentique.

L'idée de cet ouvrage est de vous faire découvrir l'*ensō* à travers une approche pratique et pédagogique. C'est une invitation à vivre selon les préceptes de la sagesse japonaise. J'espère que vous apprécierez la pratique de cet art qui exige de réapprendre à nous arrêter et à placer notre attention sur ce qui se passe en nous dans le moment présent.

Je dédie ce livre à plus grand que moi, à cette énergie que l'on nomme « vie » et dont je suis l'instrument. Merci de l'avoir choisi.

Nita Bard-Burguy

Être ce silence qui accueille le langage de l'ensō.

Être ce regard qui accueille la lumière de l'ensō.

Être ce goût qui accueille la splendeur de l'ensō.

Être ce parfum qui accueille l'essence de l'ensō.

Être cette caresse qui accueille la densité de l'ensō.

Être l'ensō du moment présent.

I

L'ENSŌ, UNE VOIE D'ÉVEIL

Une pratique zen

Pendant des siècles, l'*ensō*, cercle japonais, a été la forme d'art choisie par de nombreux maîtres zen pour exprimer leur réalisation. S'entraîner à tracer un *ensō* consiste à faire coïncider notre énergie interne avec la capacité à projeter notre esprit dans une œuvre d'art.

C'est un outil de recherche spirituelle, une voie d'éveil zen. Plus encore, c'est une entité vivante. Il a une ossature, une chair, un charisme, une énergie vitale, une présence qui offrent une frontière subtile entre maîtrise et lâcher-prise.

Avant même sa création, nous le sentons naître à travers le pinceau qui obéit à nos intuitions tout en gardant une étonnante autonomie. Le pinceau et l'encre n'écoutent pas notre volonté personnelle mais laissent cet art vivre de lui-même.

Il convient d'adopter une attitude d'humilité (*shoshin*), et c'est de ce vide-plein que naît le futur *ensō* sur la page vierge. Si le trait est posé en une fraction de seconde, il est le fruit d'une très longue méditation. Il s'agit d'exprimer l'esprit et non la forme extérieure.

L'*ensō*, en effet, ne s'arrête pas à son aspect visuel externe. Comme toute voie zen, il vise notre intériorité. Même si une certaine beauté peut transparaître dans sa forme, il ne se pratique pas pour son esthétique mais pour ses réalisations spirituelles.

Plus qu'un simple tracé, il peut nous conduire à toucher notre essence profonde, la nature ultime de la vie en nous. S'il ne devient pas une forme intérieure de spiritualité, l'*ensō* n'est alors qu'un cercle sans le Souffle (*ki*).

La pratique de l'*ensō* est un véritable cheminement menant à :

La sérénité.

L'harmonie du corps et de l'esprit.

La connaissance et la maîtrise de soi.

La vérité et la prise de conscience de la place de l'homme dans l'univers.

L'*ensō* s'accorde à une notion que le bouddhisme appelle l'« ainsité », exprimant avec fulgurance ce qui est ainsi et pas autrement.

UN ART
DE LA MAÎTRISE DE SOI

Au cours de la réalisation de l'*ensō,* la maîtrise de l'esprit est essentielle pour ne pas se disperser, tout comme la maîtrise du geste, qui doit être minimal, précis, spontané, naturel. Le mouvement est exécuté sans effort, en suivant le flux de l'énergie vitale (*ki*).

L'accent est mis sur l'instant et la justesse de l'action. Par le biais de la concentration et du dynamisme, il s'agit de coordonner l'esprit et le corps. L'*ensō* est peint en un seul souffle et tout retour en arrière ou correction est impossible.

L'*ensō* repose sur la transmission de gestes précis, ritualisés, semblables à un *kata* – une succession de mouvements codifiés réalisant une démonstration technique dans les arts martiaux. Ce *kata* est transmis par une initiation auprès d'un maître, où l'essentiel de l'enseignement se fait oralement, et par l'observation du maître en action. La pratique répétitive est la clé de son intégration.

C'est seulement par la répétition que l'élève peut tendre vers une pratique maîtrisée de ce « non-agir ».

Une sagesse en action

L'*ensō* nous conduit au grand silence, à la mesure du souffle.

Il met au jour une respiration sans inquiétude. Il nous ramène à l'infini présent, à la justesse profonde du calme et du mouvement. Il réveille notre puissance d'être, le corps avance littéralement vers l'esprit, loin de toute identité.

Puissant support de méditation, il nous conduit inlassablement au centre de nous-même et de l'univers. À travers la forme de l'*ensō*, nous trouvons la paix mais aussi l'impulsion qui nous motive à tendre vers un état d'éveil. Il est le reflet d'une illumination, d'une transcendance symbolique et spirituelle.

On peut le décrire comme un vaste espace où rien ne manque et où rien n'est en trop, il est tout un univers qui tourne. Il évoque aussi la représentation parfaite du monde, du mouvement et de cet épicentre où tout conflue.

Il plaide un retour au centre de la source, là où l'énergie est accordée au vivant. C'est cela que les adeptes du zen nomment *Satori*. L'*ensō* entretient une relation native avec cet ultime éveil qui nous ouvre une autre perception de la voie de l'art.

La simplicité et le traçage équilibré de l'*ensō* fascinent car notre intuition devine que, derrière ce cercle, il y a bien davantage qu'une simple représentation circulaire.

Un équilibre entre visible et invisible

Comment définiriez-vous la perfection d'un *ensō* ? Serait-ce par sa symétrie, son esthétique, sa courbe fermée, l'épaisseur de son trait ? Ou peut-être par sa forme ?

Laissons tout cela de côté et offrons-nous le plaisir de tracer un cercle sans autre repère que la joie d'un coup de pinceau.

Sa perfection ne réside ni dans sa beauté ni dans une parfaite géométrie mais dans l'équilibre mystérieux lui étant intrinsèquement lié. Cette perfection dépend du geste et de l'équilibre entre l'invisible et le visible qui ne peut s'atteindre sans une libération de l'esprit et du geste.

En réalité, il n'y a qu'une façon de parvenir à comprendre l'*ensō* avec toutes ses nuances et dans toute son essence : en vivant sa création. Il se réalise d'un trait, sans correction. Chaque fois que nous traçons un *ensō*, le précédent est laissé de côté, oublié.

La voie de l'*ensō* n'a pas d'explication, nous devons la vivre. C'est une expérience créative qui, paradoxalement, ne nécessite pas l'utilisation de la « créativité » : le tracé jaillit sans qu'il n'y ait de volonté de créer. Il s'agit d'exprimer le moment présent sans quête de perfection. Oublions ici l'habileté, l'effort, la volonté de réussir. La voie de l'*ensō* matérialise, par le biais d'une expérience externe, l'état interne de celui qui la pratique.

C'est une forme d'expression où tout doit être en harmonie – gestuelle, libération de l'esprit, trait et support (toile, soie, papier…) – pour que cette forme devienne pure création.

Une forme indéfinissable

L'*ensō* est à la fois :

Le vide et le plein.

Le visible et l'invisible.

Le cycle sans fin de la vie.

La plénitude.

L'éveil.

La vacuité.

L'univers.

L'infini.

L'énergie.

Bien que sa forme soit très simple, son essence est difficile à définir. Comme nous venons de le voir, ses représentations sont diverses et sa signification n'est jamais figée. Enfermer l'*ensō* dans une définition reviendrait à le réduire à un simple cercle, ce qu'il n'est pas.

De plus, sa signification dépend de nombreux facteurs : la personne qui le trace, le contexte, le support, sa forme, son tracé mais également l'œil de celui qui l'observe.

Un tracé unique et multiple

Certaines personnes ont des traits audacieux. D'autres, très discrets. Certaines dessinent des cercles presque parfaits tandis que d'autres les allongent davantage. Certaines forment un cercle complet (fermé), d'autres une boucle (ouverte). D'autres encore, mais c'est assez rare, peignent deux coups de pinceau consécutifs qui se rencontrent depuis des directions différentes pour créer une impression de complétude.

L'*ensō* est un art aussi diversifié que les âmes qui le tracent. Des inscriptions apparaissent parfois à l'intérieur ou autour de l'*ensō*, révélant la nature profonde de son auteur et reflétant souvent l'essence originelle du zen. Chaque *ensō* est différent de l'autre, exprimant ainsi le caractère unique de chaque instant.

Réalisé d'un seul mouvement et jamais retouché, l'*ensō* peut prendre toutes sortes de formes :

Fines ou épaisses.

Tracées ou brossées, de manière régulière ou irrégulière.

Sans perfection géométrique.

Dessinées d'un coup de pinceau continu.

Il est orienté dans le sens des aiguilles d'une montre (droitier·ière) ou dans le sens inverse (gaucher·ère). Bien que son point de départ soit généralement situé en bas, celui-ci peut se faire à n'importe quel endroit du cercle. L'*ensō* est exécuté avec toute la force de l'esprit et du corps, sans hésitation ni tremblement.

Né du vide, il est en étroite relation avec le moment de sa création, ce qui le rend unique et non reproductible.

Une histoire de perception

La notion de vide est fondamentale lorsque l'on chemine sur la voie de l'*ensō*. Du vide naît la création de l'*ensō* et de la création de l'*ensō* naît le vide.

L'*ensō* est une forme et il est aussi la présence d'une non-forme.

Le vide est à l'intérieur de l'*ensō* et aussi à l'extérieur.

Le vide l'entoure et l'*ensō* encercle le vide.

L'*ensō* n'est autre que le vide et le vide n'est autre que l'*ensō*.

Il y a tant de façons de percevoir le vide.

Percevoir ce qui est, par l'exclusion naturelle du non-essentiel (*kanso*).

Percevoir ce qui est équilibré dans l'asymétrie (*fukinsei*).

Percevoir ce qui relève d'une simplicité élégante (*shibui*).

Percevoir ce qui est naturel au-delà de toute intention (*shizen*).

Percevoir ce qui est mystérieux, mystique, profond, indicible, invisible (*yugen*).

Percevoir ce qui est animé du sentiment d'émerveillement, libéré de la routine (*datsuzoku*).

Percevoir ce qui est, avec intériorité ou avec une solitude qui nous prodigue de l'énergie (*seijaku*).

UN RÉVÉLATEUR DE NOTRE INTÉRIORITÉ

En observant la représentation de l'*ensō*, nous pouvons appréhender en un simple coup d'œil la dimension intérieure de la personne qui le trace.

Il révèle de sa créatrice ou de son créateur :

Son entièreté.

Sa présence et son détachement.

Sa vigilance au vide et au plein, à l'invisible et au visible.

Sa concentration inconsciente.

L'*ensō* est un révélateur multiple :

Dans la forme : variations de l'encre, épaisseur du coup de pinceau, forme du cercle, positionnement du point unique où le tracé commence et se termine.

Dans l'esprit zen : simplicité, naturel, grâce, profondeur, unification corps-esprit, « non-mental » (*mushin*).

Dans le *ki* : force ou fragilité, équilibre ou déséquilibre, ouverture ou fermeture, affirmation ou hésitation, perfection ou imperfection.

Le *ki*, cette énergie fondamentale de l'être, est toujours présent mais reste en sommeil s'il n'est pas utilisé. L'attention, la force mentale, est le *ki*. Celui-ci peut être dirigé vers chaque partie du corps ou extériorisé vers le monde au-dehors.

L'intensité du *ki* ne se voit pas avec les yeux, mais se ressent avec le *hara*. Le *ki* et le *hara* sont à la base à la source des principes esthétiques, spirituels et techniques de tous les arts japonais. L'une des façons de libérer et de concentrer notre *ki* est de le visualiser au niveau du *hara*, centre énergétique situé trois doigts en dessous du nombril, puis de sentir sa circulation évoluer de ce point de départ jusqu'au bout de nos doigts et dans notre pinceau. Le *hara* correspond à un point d'ancrage et de repère vers lequel nous pouvons revenir sans cesse afin de nous aligner.

Une circulation libre du *ki*

Lors du tracé de l'*ensō*, nous visons l'équilibre d'un geste qui ne peut s'atteindre qu'à travers un esprit libre. Si l'esprit de la traceuse ou du traceur passe sans cesse d'un monde à l'autre (intérieur, extérieur), il y a alors un attachement à soi, à un résultat, et donc une absence de *ki*.

En revanche, si l'esprit est en contact avec sa nature originelle et s'il sait jouir librement des croyances sans se laisser abuser, il y a un détachement possible et la naissance du premier Souffle de *ki*. C'est la liberté psychique, le dévoilement de notre nature infinie. Il y a absence de soi.

L'*ensō* est tracé sans ego. Ce cercle parfait exprime notre complétude, un état où le tout et le rien cohabitent harmonieusement. La pratique de l'*ensō* est révélatrice de notre unification corps-esprit. Cela exige de la concentration, de l'assurance et un esprit pleinement présent.

En même temps, tracer l'*ensō* nécessite souplesse et fluidité. Nous ne pouvons pas nous autoriser une pause entre deux coups de pinceau pour viser un résultat parfait. Il s'agit simplement de laisser l'*ensō* couler. Le lâcher-prise nous connecte à la justesse spirituelle.

Rempli de *ki,* l'*ensō* devient alors un cercle infini.

Une voie de renoncement

Pour tracer l'*ensō*, il faut être prêt·e à perdre :

La prétention que c'est ce qui doit être vécu, réalisé.

La prétention que c'est ce qu'il faut atteindre.

La prétention que cela nous appartient.

Notre propension à en faire une expérience personnelle.

L'interprétation que nous en faisons.

La compréhension que nous en avons.

À chaque fois que nous renonçons, nous accédons à une vision plus profonde à laquelle nous devons renoncer aussitôt, jusqu'à atteindre l'absence de nous-même. L'*ensō* présuppose l'effacement du moi, l'évanouissement de celui ou celle qui désire sa réalisation.

L'*ensō* est déjà là, à tout moment, à l'infini, sans condition et sans motif.

UNE COURBE VERS L'INFINI

L'*ensō* peut être tracé selon deux points d'appui.

Si le centre est pris comme point d'appui, le cercle est défini comme une ligne courbe dont tous les points sont à égale distance du centre. Dans un monde en constant mouvement, celui ou celle qui croit être au centre cesse de l'être en solidifiant une position, en se figeant. Cela indique un tracé égocentrique.

Si le centre n'est pas pris comme point d'appui, le déplacement le long de la courbe permet de mieux appréhender le monde. Le centre que l'on y perçoit alors est en mouvement permanent. Si nous ne sommes pas le centre autour duquel se trace le cercle, le tracé profond de celui-ci sera parfait.

Au terme du voyage sur la courbe, nous pourrons alors en déduire le vrai centre qui n'est jamais limité à soi-même. Cela permet d'explorer le sans-limite, le sans-localisation. L'*ensō* se trace quand le centre est devenu non-localisable. Il permet de percevoir ce point d'harmonie où le corps et l'esprit s'expriment à travers cet état d'être, ce mouvement du cercle sans centre fixe.

Il s'agit de stabiliser l'esprit au niveau du *hara* pour atteindre une concentration qui participe au déplacement naturel et fluide du pinceau.

Présent·e dans l'instant et l'action, nous pouvons dépasser la simple habileté picturale et agir avec une dextérité naturelle. Cette dextérité est un extraordinaire défi qui passe obligatoirement par la coordination d'un esprit concentré et d'un corps centré.

Plus qu'un simple cercle, l'*ensō* est un état d'esprit où, d'un regard libre, nous pouvons exprimer l'infini.

Un regard sans direction

L'*ensō* ne peut se tracer avec un regard ordinaire. L'ordinaire vise, définit, objective.

Il y a, dans le tracé de l'*ensō*, une concentration sans tension, une intention sans visualisation. Il s'agit de voir sans projection issue de la mémoire et sans attachement à un résultat. C'est ce qu'on appelle la visualisation sensitive. Le regard est panoramique, il ne fixe rien, ne veut rien et accueille la naissance de l'*ensō* dans l'espace.

Ce regard est sans direction, libre de la notion d'un sujet (observateur·rice) regardant un objet (observé), libre de la notion d'intérieur et d'extérieur. Il porte en lui la réalité qui ne se laisse pas fixer. Pour cela, il nous faut regarder avec intériorité jusqu'au basculement dans la non-localisation.

De cette intuition visuelle, l'*ensō* jaillit de l'intemporel.

Paumes des mains jointes (gasshō) *face au papier*

Posture assise (za) *à genoux, d'une manière correcte* (seiza)

Ou d'une manière méditative (zazen) *sur la voie* (do)

Avec l'esprit du débutant (shoshin)

Le corps en rituel (kata) *animé par le Souffle* (ki)

Prêt à l'éveil (Satori) *par la voie du zen*

À travers le pinceau (hitsuzendō)

et la calligraphie japonaise (shodō)

Se trace le cercle zen (ensō)

II

L'ENSŌ, UN TRACÉ MÉDITATIF

元

DANS LE SILENCE

Le regard concentré sur le papier mais détendu, exerçons-nous à peindre mentalement l'*ensō* sans bouger le pinceau.

Dans le silence :

Recommençons mais cette fois en bougeant le pinceau dans l'air.

Sur le papier, pour le moment sans utiliser d'encre, appliquons le pinceau qui exécute l'*ensō*.

Cette approche permet de développer notre concentration et notre intuition visuelle pour un tracé spontané. Dans cet acte, l'esprit concentré dirige le pinceau en faisant bouger le corps. Laissons l'*ensō* se peindre devant nos yeux, accueillons sa création.

Dans le silence :

Asseyons-nous tranquillement, le corps droit et immobile.

Détendons-nous dans le calme.

Soyons relié·es au ciel par un fil imaginaire partant du sommet du crâne.

Ramenons l'attention vers l'intérieur au niveau du *hara*.

Ne nous attachons à aucune image.

Respirons avec une amplitude égale.

Portons notre attention en ce lieu immobile et silencieux.

Familiarisons-nous avec cette stabilité.

Maintenant, observons le mouvement de la respiration.

Dans le silence :

Laissons le mouvement se faire naturellement, sans contrainte, sans attente.

Essayons d'intervenir aussi peu que possible dans la respiration, afin que le moi lâche prise.

Laissons venir l'inspiration sans intervenir (*kyu*).

Laissons partir l'expiration sans intervenir (*ko*).

Observons les temps de pause entre l'inspiration et l'expiration.

Par l'observation, la respiration se calme et le Souffle créateur s'exprime.

Le Souffle créateur

La respiration sans le Souffle n'est pas le vrai cordon nourricier, celui de l'élan vital. Il nous faut la calmer. Pour ce faire, ancré·e en nous-même, retournons au centre (*hara*) à chaque respiration et permettons la libre circulation du souffle. Lorsque nous faisons circuler le souffle assez longtemps, l'élan créateur se présente de lui-même.

Ne laissons pas la respiration devenir réellement audible. Écoutons plutôt son absence de son. Les temps de pause entre l'inspiration et l'expiration sont les nids du *ki*. Tant qu'il y a du son, c'est que la respiration est superficielle, elle n'est pas habitée par le Souffle.

Si nous n'entendons pas la respiration, c'est qu'elle est juste. Elle devient alors subtile et pure, sans pensée. Dès lors, l'esprit est clair.

Par le souffle silencieux, nous retournons :

Au centre des apparitions, au-delà des apparences.

À l'origine des sens, au centre du non-sensoriel.

Au silence, au centre de l'intime.

Au milieu de nulle part, ce centre sans périphérie, sans localisation.

Au centre du néant où se révèlent le plein et le vide, hors du temps.

À la contemplation, en ce centre-miroir qui ne garde aucune trace.

Au centre de l'unique percevant, au-delà de tout ce qui peut être vu, entendu, touché, goûté, senti, pensé.

Au sans pluriel, sans séparation, ce centre unique.

À notre essence, ce centre que nous n'avons jamais quitté.

C'est cela, l'*ensō* rempli de *ki* : un cercle sensitif.

La visualisation sensitive

Dans la phase de préparation, avant le tracé de l'*ensō*, la respiration innée, dite « respiration embryonnaire », peut être pratiquée. Chez un embryon, le ventre se gonfle et se dégonfle, alors que la cage thoracique ne bouge pas. Ce n'est qu'après avoir quitté le ventre de sa mère et que le cordon a été coupé que l'enfant commence à utiliser ses poumons pour respirer.

L'embryon « respire » à travers le cordon ombilical. L'oxygène, transmis par l'organisme de la mère, passe dans son propre nombril, descend dans le périnée puis monte dans la tête, redescend à partir de la langue jusqu'au nombril à nouveau.

Dans le silence, essayons ensemble cette respiration innée :

> Inspirons en élevant notre corps vers le ciel.
>
> Ce mouvement, par son mécanisme, nous fait légèrement rentrer le ventre : cela se fait naturellement, sans effort. Le souffle remonte alors sur l'arrière du corps (coccyx, colonne vertébrale, dessus du crâne).
>
> Libérons les aisselles afin que le poids des bras ne s'oppose pas à l'ouverture de la cage thoracique.

Expirons en relâchant doucement le ventre, le souffle redescend sur le devant du corps (entre les sourcils, intérieur du crâne, palais, gorge, jusqu'au point de départ, l'ombilic).

Notre ventre maintenant se déploie et la pression interne appuie sur le pourtour de la ceinture ventrale.

Dans le silence :

Ne retenons pas le souffle dans le haut du corps.

Contractons légèrement le périnée qui se relève doucement pendant l'inspiration et relâchons-le pendant l'expiration.

Inspirons, le souffle remonte (ciel, élévation).

Expirons, le souffle redescend (terre, enracinement).

Tout en inspirant, observons tranquillement ce qui se donne.

Tout en expirant, ce qui s'abandonne.

Sentons que les limites tombent, que les sensations sont de moins en moins localisables.

Là, il n'y a plus d'extérieur, plus d'intérieur. Voyons que nous sommes plus que ce corps. Voyons le corps apparaître en nous. Nous sommes le contenant du monde. Où sommes-nous si ce n'est partout et nulle part ?

Accueillons l'*ensō* prêt à jaillir d'une expiration devenue Souffle et d'un corps devenu *ki.* D'ici et maintenant, laissons chaque sens s'espacer jusqu'au retour au non-sensoriel. Laissons le tracé jaillir de la non-forme.

Cette visualisation sensitive entraîne une véritable sensation objective qui finit par persister, au-delà de l'attention et du temps qu'on lui accorde.

Ce n'est plus un·e individu·e qui trace l'*ensō,* c'est le Souffle, le silence, l'invisible, l'énergie concentrée de l'encre dans un unique coup de pinceau.

L'ÉNERGIE DE L'ENCRE

L'*ensō* nécessite peu de matériel :

Du papier (*washi*).

Un pinceau (*fude*).

Une pierre à encre (*suzuri*).

Un bâtonnet d'encre (*sumi*).

L'encre pour tracer l'*ensō* est obtenue en frottant le bâton (*sumi*) sur la surface de la pierre à encre (*suzuri*), en combinaison avec de petites quantités d'eau. Elle est récupérée, prête à être utilisée, dans le puits de la pierre à encre (c'est là une belle préparation méditative).

Les bâtonnets d'encre sont un moyen très pratique pour conserver et transporter l'encre. Ils proviennent de la combustion de bois, de la collecte des cendres et de l'ajout de colle animale comme liant. L'essentiel de la production des bâtons d'encre se fait à la main pendant les mois d'hiver. La température et l'humidité sont des facteurs primordiaux pour leur fabrication.

L'énergie concentrée de cette encre par le biais du pinceau est essentielle dans le *kata* propre à l'*ensō*.

LE RITUEL DE PRÉPARATION

Une méditation en assise zen (*zazen*) est idéalement pratiquée avant le début du rituel.

Debout dans le silence

Ouverture :

Déposons nos deux mains l'une contre l'autre, en mettant en contact toute la surface des doigts et de la paume (salutation en *gasshō*).

Avançons lentement en marche méditative (*kinhin*).

Saluons à nouveau (*gasshō*).

L'assise en *seiza*

Portons les paumes des mains sur le haut des cuisses, au point de jonction entre les cuisses et les hanches, le dos droit, les genoux légèrement pliés pour favoriser l'assise dans le bassin.

Reculons le pied gauche et appuyons-le sur les orteils au niveau du talon droit.

Plions légèrement la jambe droite pour maintenir la posture.

Posons le genou gauche au sol (orteils du pied gauche toujours relevés).

Plaçons le genou droit au même niveau que le genou gauche.

Couchons les orteils et écartons les genoux selon la largeur des épaules.

Le gros orteil gauche vient recouvrir le gros orteil droit, les mains toujours sur le haut des cuisses, les poignets appuyés contre les hanches.

Nous sommes maintenant dans l'assise *seiza*.

Temps de recueillement

Portons un regard concentré en direction du papier posé au sol.

Salutation

Dans le silence, en *seiza* :

Posons la main gauche devant nous, au sol, paume contre terre, de manière à former un arc de cercle avec le bras.

Posons ensuite la main droite à côté de la main gauche, de manière à former un triangle avec les pouces et les index.

À partir de cette position, inclinons le dos vers l'avant sans décoller les hanches des pieds. Le nez se retrouve au-dessus du triangle formé par les mains. Nous sommes maintenant en *zarei* (saluer, *rei,* en *seiza*).

Remercions intérieurement le papier, le pinceau, l'encre.

Redressons le buste en écartant légèrement les genoux, les mains de nouveau en appui sur le haut des cuisses.

Temps de concentration

L'esprit vide, sans pensée (*mushin*) et dans le silence :

Saisissons-nous du pinceau. Plaçons le pouce horizontalement sur le côté intérieur du manche et replions l'index ; le majeur et l'annulaire sont sur le côté extérieur, vers la paume.

Portons des deux mains notre pinceau à l'horizontale, à hauteur du front puis du cœur (*kokoro*) dans un geste de gratitude.

Accueillons l'énergie *ki.*

Portons d'une main le pinceau sur le côté, jusqu'à la pierre d'encre.

Trempons notre pinceau dans l'encre.

Basculons-le à l'horizontale.

Ne bougeons pas, restons un moment concentré·e dans cette position.

Avant le tracé de l'*ensō*

La visualisation sensitive :

Le pinceau toujours tenu à l'horizontale, posons la main libre en appui sur le bas du papier.

Les yeux ouverts, amenons notre attention entre les sourcils.

Respirons calmement jusqu'à ce que notre regard s'immobilise.

Tournons notre attention vers l'intérieur, au niveau du bas-ventre (*hara*).

Laissons monter en force le *ki* et le *kiai* (cri de concentration).

À partir de cet endroit, percevons l'*ensō* en devenir.

Nous pouvons sentir que la forme de l'*ensō* apparaît maintenant au niveau du bas-ventre.

Le tracé de l'*ensō*

La tenue du pinceau :

La position et le mouvement du poignet sont primordiaux dans le tracé de l'*ensō*. Il est essentiel de bien tenir le pinceau afin qu'il fasse partie intégrante du corps. Tenu d'une manière souple et ferme à la fois, il est perpendiculaire à la feuille. Nos épaules doivent rester détendues pour ne pas bloquer le flux du *ki* afin que celui-ci soit transmis par le pinceau dans l'*ensō*.

Veillons à choisir un bon pinceau. Ses poils doivent former une touffe pointue. Lorsqu'on les aplatit, leurs extrémités sont alignées, bien équilibrées et répondent aux mouvements qui leur sont donnés d'exécuter.

Assis·e en *seiza* devant notre feuille, assurons-nous que notre papier est stable.

Notre pinceau est toujours maintenu horizontalement sur le côté.

Le pouce est toujours horizontal sur le côté intérieur du manche, l'index replié, le majeur et l'annulaire placés sur le côté extérieur. Avec ce maintien, le *ki* est d'abord transmis à l'extrémité de nos doigts, puis dans l'extrémité du pinceau.

Sur l'inspiration, laissons jaillir un mouvement circulaire dans l'air, sur le côté du buste et vers l'extérieur, bras allongé.

Ramenons au terme du geste le pinceau à la verticale au-dessus de la feuille, tout en nous concentrant sur le point de départ de l'*ensō* sur le papier.

Laissons, au début de l'expiration, se réaliser le premier point de contact sur le papier en appuyant fermement sur le pinceau pour signifier son point de naissance.

Peignons alors l'*ensō* d'un seul coup, sur le temps qu'il nous faudra pour terminer l'expiration. Formons le cercle en un mouvement dynamique, en tournant notre poignet au maximum vers l'intérieur tout au long du tracé. Notre poignet doit permettre de bouger le pinceau avec souplesse et fluidité.

Diminuant la pression, terminons le tracé en rassemblant toute l'énergie en une pointe immobile qui décroît à l'infini.

Soulevons le pinceau du papier tout en continuant légèrement le mouvement circulaire imprégné de *ki*. Laissons-le se poursuivre en l'accompagnant avec le geste de la main et de l'esprit. Ce principe est la pulsation ininterrompue du *ki*.

Gardons bien notre attention ancrée dans le présent depuis le moment où nous nous saisissons du pinceau jusqu'au moment où nous le reposons.

Le secret consiste à être dans la non-volonté, le non-agir, un état sans effort, sans attente de résultat. Il n'y a rien à faire, pas d'effort à fournir pour que se réalise sans nous l'*ensō*. Dès que nous comprenons la futilité de ce « faire », il se produit un abandon propice à l'accueil de plus grand. Laissons agir ce qui est intrinsèquement.

Le non-agir, ou acte pur, c'est laisser agir cet autre niveau de réalité capable de faire sans nous.

La poursuite du geste

Nous pouvons désormais disposer plusieurs feuilles de papier sur une table, au moins dix, afin de continuer de peindre des *ensō* les uns après les autres :

En un seul mouvement, en un seul souffle, en un seul trait, sans nous arrêter, traçons notre premier *ensō*.

Puis célébrons l'*ensō* que nous venons de créer, quel que soit son trait.

Ne revenons pas en arrière, il n'y a rien à corriger, il est parfait tel qu'il est.

Ressentons de la gratitude pour cette forme nouvellement née.

Pause.

Après avoir choisi consciemment une autre feuille de papier :

Respirons profondément à nouveau et peignons un autre cercle sur une unique expiration, de la même manière. Ce souffle, ce geste, cette présence, ce trait, lui permettent d'émerger de nous, de naître et d'être.

Peignons ainsi jusqu'à avoir épuisé tout le papier.

Avant de ranger notre matériel, rendons grâce à notre créativité, à ces expressions de notre essence.

Le tracé imprégné de *kihaku*

Nous savons désormais l'importance de concentrer la respiration et l'énergie *ki* avant de nous saisir du pinceau. Cette concentration permet d'exécuter l'*ensō* en quelques secondes, sans revenir sur le tracé où toute rectification serait visible et interromprait le *ki*.

Le frottement du bâton d'encre sur la pierre à broyer est un autre moyen de transférer l'énergie dans l'*ensō* : les mouvements de va-et-vient produisant de l'électricité statique dans le liquide, l'encre ainsi broyée se retrouve chargée d'énergie.

Quand on utilise l'énergie concentrée de cette encre par le biais du pinceau, on dit que le tracé contient *bokki* : « *bo* », l'encre noire, « *ki* », l'énergie. Cette énergie concentrée, ou « *ki* de l'artiste » s'appelle *kihaku*. Lorsque l'*ensō* est créé dans un état de *kihaku,* il continue à produire un effet puissant pour celui ou celle qui le regarde, et cela, à travers les siècles. Les *ensō* contenant la pleine puissance de *bokki,* « l'esprit du pinceau », ne sont pas faciles à tracer mais ils sont imprégnés d'une spiritualité éternelle qui est l'ultime but de cette voie (*do*).

Après le tracé de l'*ensō*, assis·e ou debout, mains en *gasshō* :

> Les yeux ouverts, amenons notre attention entre les sourcils et observons l'*ensō* tracé.
>
> Respirons calmement, jusqu'à ce que notre regard s'immobilise.
>
> Tournons de nouveau notre attention vers l'intérieur, au niveau du bas-ventre.
>
> À partir de cet endroit, contemplons l'*ensō*.
>
> Sentons que la vision de l'*ensō* se produit maintenant en ce centre énergétique (*hara*).
>
> Respirons tranquillement, profondément.
>
> Loin de toute corporalité, de toute localisation, nous sommes maintenant cette source qui accueille l'*ensō*.

Une fois achevé, l'*ensō* amène à une prise de conscience qui n'est ni mentale, ni conceptuelle, ni intime. Un vécu de paix et de silence nous imprègne au plus profond de nous, apportant avec lui le renversement de nos sens, de tout repère, jusqu'à la disparition de tout ce qui nous faisait être autre que notre nature infinie.

Ce qu'il y a de surprenant et de fascinant à retourner à la source, c'est que nous y sommes déjà, intemporellement.

C'est une célébration.

Le rituel de l'*ensō* en images

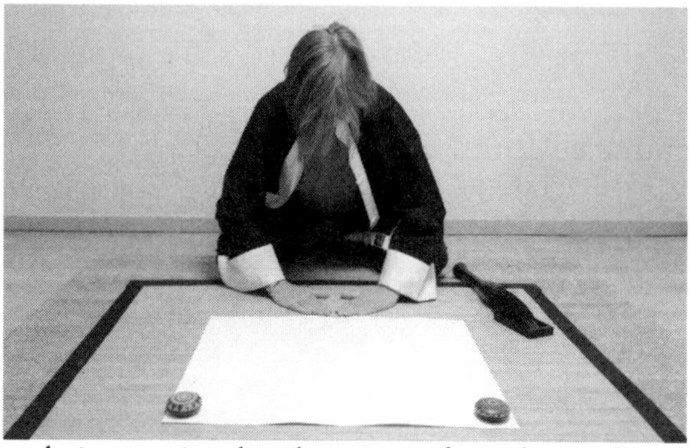

Assis·e en *seiza*, placer les mains en forme de triangle.

Incliné·e vers l'avant, poser les hanches en appui sur les pieds.
Le front est au milieu du triangle formé par les mains (*zarei*).

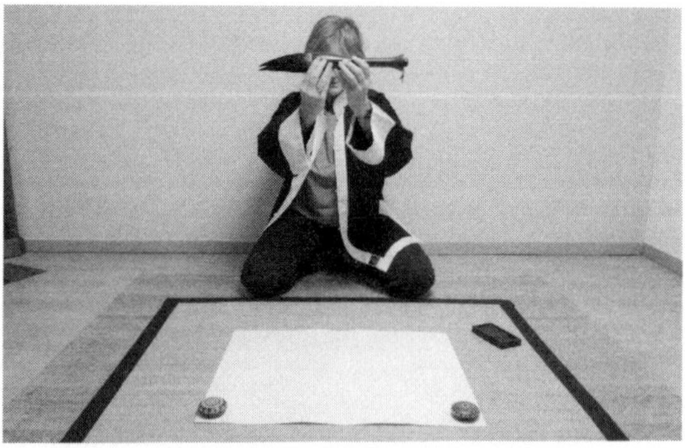

L'esprit vide (*mushin*), saisir le pinceau puis le porter des deux mains à l'horizontale, à hauteur du front puis du cœur (*kokoro*), avec gratitude.

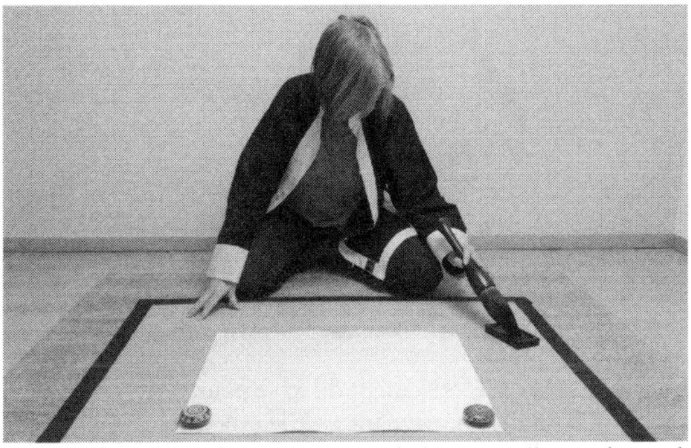
Porter d'une main le pinceau jusqu'à la pierre d'encre (*suzuri*).

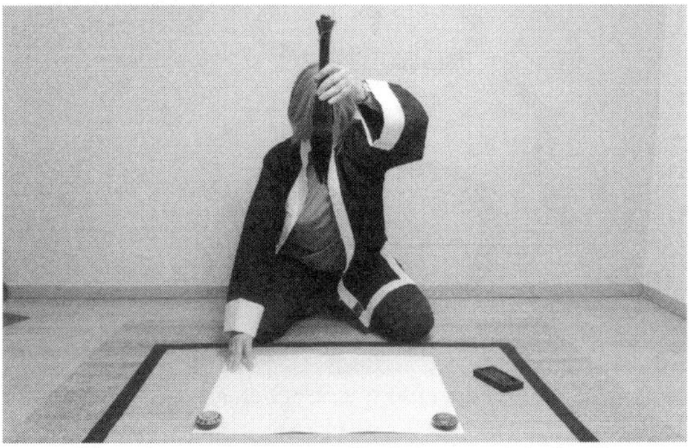
Tenir le pinceau perpendiculairement à la feuille.

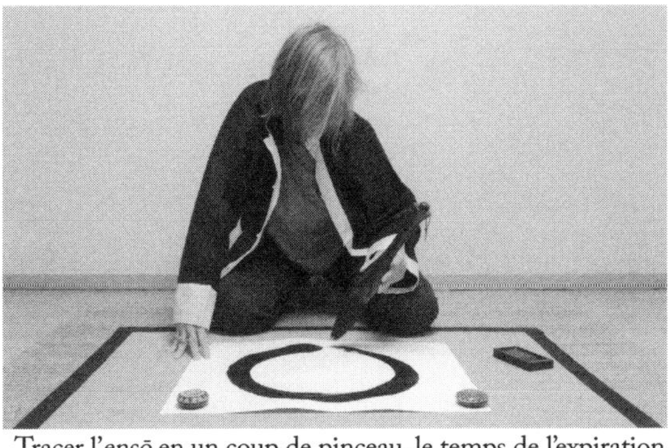
Tracer l'*ensō* en un coup de pinceau, le temps de l'expiration.

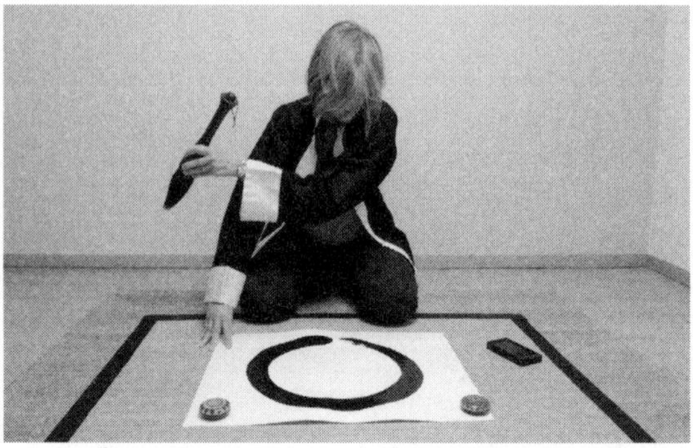

Laisser le mouvement du *ki* se poursuivre
en l'accompagnant avec le pinceau.

Plusieurs *ensō* tracés, éphémères.

Pour contacter l'auteure pour des ateliers pratiques :

voieszen78@netcourrier.com

Rencontre avec Taisen Deshimaru

Mon intérêt pour le bien-être et les pratiques spirituelles remonte à loin et mon éducation a largement contribué à façonner cette sensibilité. D'abord par ma mère que j'ai toujours vue pratiquer le yoga et la sophrologie auprès du Dr Donnars, puis par mon premier médecin traitant, le Dr Guillaume, professeur d'homéopathie. Ils m'ont appris à écouter mon corps et ont ouvert en moi une curiosité pour les disciplines du bien-être (intérieur et extérieur) qui ne s'est jamais tarie.

J'ai dans un premier temps découvert la sophrologie (méthode psychocorporelle de relaxation et de développement personnel), puis le Tai-chi-chuan (art martial chinois dit « interne »), le Qi gong (gymnastique traditionnelle chinoise) avec le Maître Chu King Hung et son élève, le célèbre praticien Yves Blanc, et enfin le Kyudo (art martial japonais issu du tir à l'arc), avec le Maître Jacques Normand, spécialiste du Budō japonais.

C'est à cette même époque, dans les années 1970 et alors que j'étais encore très jeune, qu'un ami zéniste m'a introduite auprès du maître japonais Taisen Deshimaru, l'un des principaux passeurs du bouddhisme zen en Occident. Au sein d'un petit groupe de personnes, j'ai eu l'immense chance d'observer le Maître pratiquer la calligraphie de l'*ensō*. Il parlait peu mais son déplacement dans l'espace et son mouvement sur le papier m'ont fait grand effet. J'étais loin d'imaginer que, des années plus tard, cette rencontre me ferait ressentir le vif besoin d'approfondir ces approches et d'écrire ce livre.

Pourtant, avant cela, j'ai poursuivi la pratique du *zazen* quelques années tout en expérimentant d'autres approches japonaises comme le Jin Shin Jyutsu (art énergétique japonais), le shintaido (pratique japonaise du mouvement) et le *kiko* (Qi Gong japonais). Enfin, il y a trois ans, j'ai souhaité me former à l'ikebana (art floral japonais) avec Claire Delort, professeure diplômée de l'école Ikenobō de Kyoto.

Lexique

Bo : Encre noire.

Bokki : « L'esprit du pinceau ». Tracé du pinceau à l'encre noire (*bo*) où s'insuffle l'énergie (*ki*). On dit que le tracé contient *bokki* quand l'énergie de l'encre se transmet par le biais du pinceau.

Datsuzoku : Sentiment d'émerveillement, détachement de ce monde.

Do : La voie, le cheminement dans la pratique d'un art.

Ensō : « Cercle ». Symbole de la vacuité et de l'achèvement dans le bouddhisme zen. Forme d'art millénaire choisie par de nombreux maîtres zen pour exprimer leur réalisation.

Fude : Le pinceau.

Fukinsei : « Asymétrie, irrégularité ». Désigne ce qui est équilibré et authentique dans l'asymétrie.

Gasshō : « Paumes de mains jointes ». Position symbolique et codifiée des mains (regroupant douze variations) où les paumes sont jointes, et qui sert à saluer et à rendre hommage.

Hara : « Bas-ventre ». Centre énergétique situé à trois doigts sous le nombril. Correspond au point d'ancrage vers lequel revenir pour se recentrer.

Hitsuzendō : « Voie du zen à travers le pinceau ». Considérée par les bouddhistes zen comme une méthode pour atteindre *samādhi*, une unification avec la réalité la plus élevée. Se réfère spécifiquement à une école de calligraphie zen japonaise.

Kanso : « Simplicité ». Exclusion de ce qui est non-essentiel.

Kata : Succession de mouvements codifiés réalisant une démonstration technique. Le *kata* est enseigné par un maître où l'essentiel de la transmission se fait oralement et par l'observation du maître en action.

Ki : Le flux de l'énergie vitale. Notion des cultures chinoises et japonaises qui désigne un principe fondamental formant et animant l'univers et la vie. On peut parler de « Souffle » du *ki*.

Kiai : Cri de concentration dans les arts martiaux.

Kihaku : Énergie de l'artiste (ou *ki* de l'artiste) concentrée dans son pinceau au moment du tracé de l'*ensō*.

Kinhin : Marche méditative zen. Méditation en marchant.

Ko : Laisser partir l'expiration sans intervenir.

Kokoro : Le cœur.

Kyu : Laisser venir l'inspiration sans intervenir.

Mushin : L'esprit vide, sans pensée.

Satori : Éveil spirituel à sa nature véritable.

Seijaku : Percevoir ce qui est, en faisant preuve d'intériorité ou au moyen d'une « solitude énergisée », une forme de solitude dans laquelle on puise de l'énergie.

Seiza : « Assise correcte ». Façon traditionnelle de s'asseoir au Japon. S'asseoir en *seiza* est une partie essentielle de plusieurs arts traditionnels japonais. L'entrée et la sortie de la posture *seiza* doivent se faire avec concentration.

Shibui : Élégante simplicité. Sensation subjective produite par les formes de beauté simples et discrètes.

Shizen : Ce qui est naturel au-delà de toute intention.

Shodō : Calligraphie japonaise.

Shoshin : « Esprit du débutant ». Attitude d'humilité que le pratiquant en disciplines zen ou en arts martiaux doit conserver tout au long de sa progression, et ce, même lorsqu'il atteint un haut niveau de pratique.

Sumi : Encre de Chine traditionnellement utilisée dans la pratique de la calligraphie japonaise. L'encre *sumi* est composée de matières naturelles (suie, colle animale, parfum).

Suzuri : Pierre à encre.

Washi : Papier artisanal japonais.

Yugen : Beauté mystérieuse, mystique ; profondeur implicite et indicible du monde.

Za : Posture assise.

Zarei : Le salut (*rei*) en *seiza*.

Zazen : Désigne à la fois la pratique de la méditation du bouddhisme zen et la posture assise qui l'accompagne (*za* « assis », *zen* « méditation »). Pratique quotidienne des moines, elle serait aussi la posture qu'aurait adoptée Bouddha lors de ses méditations.

Bibliographie

AOYAMA Shundō, *Le Zen et la vie*, traduit du japonais par Martine Senrin Haegel-Huck, éd. Albin Michel, Paris, 2015.

BOVAY Michel, DE SMEDT Evelyn, KALTENBACH Laurent, *Zen – Pratique et enseignement, histoire et tradition, civilisation et perspectives*, éd. Albin Michel, Paris, 1993.

DAVEY H. E., *Shodō – Harmonie du geste et de l'esprit par la calligraphie japonaise*, traduit de l'anglais par Jean-François Morelo, éd. Les Éditions de l'Éveil, Noisy-sur-École, 2015.

DESHIMARU Taisen, *L'anneau de la voie – L'essence d'un enseignement zen*, éd. Du Relié, Paris, 2016.

DESHIMARU Taisen, *Zen et Arts martiaux*, éd. Albin Michel, Paris, 1983.

GRAF DÜRCKHEIM Karlfried, *Hara – Centre vital de l'homme*, traduit de l'allemand par Claude Vic, éd. Le Courrier du livre, Paris, 1993.

GRAF DÜRCKHEIM Karlfried, *Le Centre de l'être*, propos recueillis par Jacques Castermane, éd. Albin Michel, Paris, 1992.

HARDING Douglas E., *L'Immensité intérieure – Redécouvrir notre nature originelle*, éd. L'Originel / Accarias, Ivry-sur-Seine, 2002.

HERRIGEL Eugen, *Le Zen dans l'art chevaleresque du tir à l'arc*, préface de Daisetz Teitaro Suzuki, éd. Dervy, Paris, 1998.

LELOUP Jean-Yves, *L'Enracinement et l'Ouverture – Conférences de la Sainte-Baume*, éd. Albin Michel, Paris, 1989.

SATO Shōzō, *Shodō – L'art paisible de la calligraphie zen japonaise*, préface de Gengo Akiba Rōshi, traduit de l'anglais par Laurent Strim, éd. Sully, Vannes, 2021.

SUZUKI Shunryu, *Esprit zen, esprit neuf*, traduit de l'anglais par Sylvie Carteron, éd. Points, Paris, 2014.

TSOU Lu, *Le secret de la fleur d'or*, éd. Médicis, Paris, 2001.

YOSHIKO SEO Audrey, *Ensō – Les Cercles d'éveil dans l'Art zen*, éd. Sully, Vannes, 2016.

Remerciements

Merci à Maître Dokko-An Kokugyo Kuwahara, Maître d'Hitsuzendo, pour ses précieux conseils.

Merci à Fabienne Verdier pour sa peinture dont la dimension spirituelle m'a tant inspirée.

Merci à Izumi Kohama et Yu-Ing Galley pour leur générosité et leur amour de la calligraphie, et plus particulièrement à Izumi pour avoir illustré cet ouvrage.

Merci à Jérôme Edou d'avoir cru en moi. Merci à mon amie Anne Ducrocq et à Cécile Strouk pour leur soutien et leur expertise.

Merci à Jean-Pierre Paradzinski, photographe, pour les photos du rituel.

Et merci à mon éditeur Benoît Labayle, dont je suis si fière de venir compléter la belle collection.

Les *ensō* illustrant l'ouvrage par Izumi Kohama

Couverture : *ensō* renversé, *Mizu-Kagami* 水鏡 « L'eau reflète » (53 x 53 cm)

Page 20 : *ensō hitomichi* 一道 « Le chemin droit » (53 x 53 cm)

Page 26 : *ensō no seni* 円相繊維 « Fibre d'enso » (100 x 100 cm)

Page 36 : *ensō toki* 時 « Temps » (40 x 40 cm)

Page 44 : *ensō Gen* 元 « Racine » (53 x 53 cm)

Page 52 : *ensō Bampokiitsu* 萬法帰一 « Toutes les choses dans l'univers proviennent de "l'Un" et retournent à "l'Un" » (53 x 53 cm)

Page 60 : *ensō Génga* 源雅 « Une source de gracieux » (135 x 135 cm)

Page 71 : *ensō Nagaré* 流れ « Flot, courant » (53 x 53 cm)

Fille d'un maître calligraphe japonais, Izumi Kohama pratique la discipline de son père depuis l'âge de sept ans. Après s'être formée en *art therapy* et grâce à l'enseignement du Tai-Qi-Gong, elle a développé sa propre approche de la calligraphie japonaise (un art pourtant strict et rigoureux) et est devenue spécialiste du Shodō Art, un style d'expression libre et artistique de calligraphie japonaise. Elle vit aujourd'hui en Bretagne.

Pour retrouver ses œuvres et la contacter :

Site internet : www.izumikohama.com
Adresse mail : izumukohama@gmail.com

Mot de l'éditeur

L'*ensō*, tracé sur papier, pratique spirituelle et expression par excellence de l'instant présent, n'est a priori ni destiné à être gardé ni a fortiori montré ou exposé.

Pour illustrer cet ouvrage, avec Nita, nous avons intentionnellement choisi les superbes œuvres de Shodō Art sur toile de l'artiste japonaise Izumi Kohama (le zen ne manie-t-il pas à merveille le paradoxe ?).

Achevé d'imprimer en mars 2023.
Imprimé en Bulgarie.
Dépôt légal : mars 2023.